Das Kunst&Küche-Projekt



# Mit allen Sinnen

Vom Malen, Kochen
und Genießen

Friedel Anderson
Hinnerk Bodendieck
Barbara Kloth
Michael Zapf

GRAND ELYSEE
HAMBURG

Friedel Anderson „Champagner" 2012, Öl auf Hartfaser, 38 x 28 cm

# *Inhalt*



REZEPTE

# *Das Kunst&Küche-Projekt*

EUGEN BLOCK

*„Essen kann man nicht malen!“*

JUNI 2011

*„Essen kann man doch malen!“*

JUNI 2012

„Hinter diesen Türen möchte ich mal arbeiten!" Hinnerk Bodendieck hielt auf der Feier zum 25. Geburtstag des Grand Elysée den Blick auf den Eingang zur Hotelküche gerichtet. Im Sekundentakt wurden Tabletts mit köstlichen Canapés, Satten mit knackigem Gemüse und saftigem Fleisch und Wagen voll feiner Süßspeisen zu den rund tausend feiernden Gästen geschickt; im Austausch verschwanden hinter den Edelstahltüren benutzte Gläser, leergegessene Teller und ausgekratzte Schalen. Neugierde, Faszination, Staunen: „Da muss doch eine Wahnsinns-Logistik hinterstecken. Und dabei sieht alles auch noch so gut aus...". Vier Wochen vorher, Juli 2010: Michael Zapf hatte für das Jubiläumsbuch „Das Elysée – meine Leidenschaft" Fotografien vom Boulevard, den Restaurants, dem Elyseum und der Sommerterrasse gemacht. Das Reich der Köche musste noch außen vor bleiben: die Großküchen mit Tageslicht und das à-la-Carte-Geschäft, aber auch die Live-Cooking-Stationen und offenen Restaurantküchen. „Spektakulär!" findet das der Fotograf: „Diese Transparenz und Offenheit ist tatsächlich ungewöhnlich." Aber Malerei und Fotografie zusammen? Geht das?

Küchendirektor Peter Sikorra lässt sich immer gern in die Töpfe gucken. „Klar dürfen die kommen – wir müssen nur sehen, wann wir das machen. Die Arbeit geht vor!" Natürlich. Hinnerk Bodendieck, der gerade sein Sankt-Pauli-Projekt mit nächtlichen Streifzügen durch das Rotlicht-Milieu abgeschlossen hatte, freut sich schon auf die Herausforderungen des kulinarischen Hotellebens – vor und hinter den Küchentüren. Und was soll es denn werden – eine Ausstellung, vielleicht ein Kalender – ein Buch! Sofort legt der Künstler nach: „Ich möchte das gern mit Friedel machen."

Anfang Oktober auf einer wunderbar begrünten Veranda in Itzehoe: Christa Block erzählt Friedel Anderson die Geschichte von einem Maler und einem Fotografen, die beide die gleiche Idee hatten – und die nun umgesetzt werden soll. Anderson hat mit sieben Ausstellungen eigentlich ein übervolles Jahr vor sich. Die Stirn in Falten gelegt, zögernd, beinahe tonlos antwortet er schließlich „Dazu hätte ich schon große Lust...".

Hinnerk Bodendieck „Sikorras Probierlöffel", 2011, Öl auf Hartfaser, 35 x 26 cm

MERLOT PLANETA

# *Auftakt in der Oysterbar*

Friedel Anderson (links) und
Hinnerk Bodendieck (rechts)
beim ersten Künstlertreffen
im September 2011

# *Italienische Momente*

Chef de Rang Christiane Schmitt steht im
Restaurant Piazza Romana Modell

# *Brasserie mit Pariser Flair*

Hinnerk Bodendieck liebt die Arbeit inmitten
des Geschehens – wie einst die Künstler am Montmartre

Die Maler setzen einen Gugelhupf in Szene –
und bieten so dem Fotografen ein perfektes Bild

# *Ins rechte Licht gerückt*

Friedel Anderson vor der offenen Brasserie-Küche, die von Tafeln mit Tagesempfehlungen gerahmt wird

# *Erst malen, dann Eis essen*

Die große Herausforderung: das Bild fertig zu haben ehe das Eis geschmolzen ist

Friedel Anderson „Boulevard“, 2012, Öl auf Hartfaser, 40 x 30 cm

*„Es hat tatsächlich ein dreiviertel Jahr gedauert,
bis es mir einigermaßen leicht fiel,
mich malend in den Boulevard zu stellen.“*

FRIEDEL ANDERSON

Friedel Anderson „Pianospieler“, 2012, Öl auf Hartfaser, 38 x 28 cm

Friedel Anderson „Boulevard Café“, 2012, Öl auf Hartfaser, 40 x 30 cm

# Gastronomische Welten

## *Küchendirektor Peter Sikorra zu Küche und Restaurants im Grand Elysée*

Inszenierungen von Paris und Nizza – so erlebt der Gast unsere Restaurants Brasserie Flum und Piazza Romana. Das Ambiente und die Küche sind dank der authentischen Zutaten absolut glaubwürdig. So beziehen wir beispielsweise die Zitronenpetersilie oder Trüffel für unser Pesto von ausgesuchten Anbietern in ganz Europa, die Hummer kommen sogar aus den USA. Gleichzeitig bevorzugen wir regionale Produkte, denn als Köche fühlen wir eine Verantwortung der Natur gegenüber. Auch deshalb sprechen wir nicht von Nahrungsmitteln, sondern von Lebensmitteln. Es geht nicht nur um Nahrung im Sinne von Sattmachern, sondern um die Grundlagen unserer Existenz.

Essen ist immer sinnlich und emotional – und so verstehen wir auch das Kochen. Oberstes Ziel ist die Gelingsicherheit: nicht nur für den Koch, sondern auch für den Gast. Zwar fügt jeder Koch einem Rezept seine eigene Note hinzu. Trotzdem muss das Ergebnis zuverlässig stimmen. Das erreichen wir durch die Verbindung von klassischer Kochkunst mit modernster Küchenorganisation und -technik. Sie gibt dem Koch mehr Freiraum, der auch seiner Kreativität bei der Entwicklung neuer Gerichte zugute kommt. Der Elysée-Gründer und Inhaber Eugen Block hat aus diesen Gedanken eine zukunftsweisende Küchenphilosophie entwickelt. Er sieht den Teller immer aus Sicht eines Gastes. Die Hauptkomponenten sollen eindeutig und klar erkennbar sein – damit der Gast weiß, was er auf dem Teller hat.

Aber was will der Gast? Wir Köche müssen ihn zum Genuss führen – zu einem erfüllenden Erlebnis ver-führen. Die Vorspeisen machen Lust auf den Hauptgang. Dieser sollte die geweckten Erwartungen nicht nur erfüllen, sondern noch übertreffen. Der Genuss steigert sich zu einem Höhepunkt! Und mit dem Dessert wird alles wunderbar abgerundet – mal sanft, mal üppig. Für uns ist wichtig, was den Gast wirklich glücklich macht. Ihm wollen wir gerecht werden.

*„Wir fangen ausgerechnet mit meinem Lieblingsessen an: Hummer und Austern!“*

FRIEDEL ANDERSON

*Geschmacks-Probe beim Küchendirektor: Wer weiß, wie es schmeckt, kann es auch so malen*

Friedel Anderson „Bardame“, 2012, Öl auf Leinwand, 100 x 100 cm

Friedel Anderson „Brasserie“, 2012, Öl auf Hartfaser, 30 x 40 cm

Friedel Anderson „Brasserie Küche“, 2012, Öl auf Leinwand, 100 x 100 cm

Friedel Anderson „Oyster Bar“, 2012, Öl auf Hartfaser, 25 x 25 cm

# *Austernkunde*

Schon in der römischen Antike wurden Austern zur Delikatesse; eingelagert in mit Meerwasser gefüllten Amphoren kamen die Muscheln aus Britannien und Gallien nach Italien. Die Römer waren auch die Ersten, die mit der Zucht begonnen haben. Erst vor ungefähr 150 Jahren legten die Franzosen ihre ersten Aquakulturen an. Genießer bevorzugen die Edelmuscheln roh – frisch geknackt und mit Zitronensaft beträufelt, mit Pfeffer gewürzt oder mit einer feinen Schalotten-Vinaigrette veredelt.

Küchendirektor Peter Sikorra empfiehlt: „Mit einem Schluck Weißwein die Sinne auf den Genuss vorbereiten, dann mit der Gabel das Fleisch vorsichtig vom Muskel lösen und herausheben, unbedingt kräftig zubeißen und zum Abschluss das Austernwasser schlürfen. Herrlich!"

## *Fines de claire*

zählen zu den „tiefen" Pazifischen Felsenaustern. Diese Austern haben mehrere Wochen lang in sauberen Klärbecken gelegen und haben einen reinen Geschmack. Sie schmecken immer salzig, auch etwas nach Zitrone und manchmal auch nach Seetang.

## *Imperales*

sind „flache" europäische Austern. Sie kommen aus den Niederlanden und sind hierzulande sehr beliebt.

## *Sylter Royal*

Die Austernfischerei hat auf den nordfriesischen Inseln eine über tausendjährige Tradition. Heute wird sie nur noch in der Blidselbucht im Lister Wattenmeer betrieben und ist damit in Deutschland einmalig. Die Sylter Royal erreicht einen hohen Fleischgehalt, der bis zu 20 Prozent des Gesamtgewichtes betragen kann. Der Geschmack wird als zart-nussig und wenig salzig beschrieben.

## *Belon-Austern*

zählen zu den europäischen Austern und gelten für viele Liebhaber als der Gipfel der Genüsse. Sie leben nicht an Felsen, sondern im Schlick und sind eine „platte" Rarität – benannt nach dem gleichnamigen Fluss Belon in der Bretagne. Belons schmecken sehr subtil und leicht nussig.

Friedel Anderson „Austern“, 2011, Öl auf Hartfaser, 25 x 25 cm

# Le Plateau Royal mit Safran-Mayonnaise

ZUTATEN

*1 Hummer gekocht*

*3 Langostinos gekocht*

*3 Flusskrebse gekocht*

*2 Belon Austern*

*2 Fine de Claire Austern*

*2 Sylter Royal Austern*

*4 Crevetten Rosé mit Kopf und Schale gekocht*

*1 Zitrone · 250 ml Pflanzenöl*

*2 Eigelb · 1 TL Senf*

VORBEREITUNG

Ein paar Safranfäden mit etwas Weißwein aufkochen und 10 min. ziehen lassen. Den Safranfond mit selbst hergestellter Mayonnaise verrühren. Evtl. mit etwas Salz, weißem Pfeffer und frischem Knoblauch nachschmecken (je nach Vorliebe). Die Austern mit einem Austernmesser öffnen. Den Hummer halbieren.

ZUBEREITUNG DER SAFRAN-MAYONNAISE

Ein paar Safranfäden mit etwas Weißwein aufkochen und 10 min. ziehen lassen. Eigelb mit etwas Dijonsenf in eine Schüssel geben und nach und nach mit einem Schneebesen das Sonnenblumenöl unterrühren. Mit etwas weißem gemahlenem Pfeffer, Salz und Zitronensaft abschmecken. Nun den Safranfond untermengen und die Mayonnaise ca. 30 min ziehen lassen. Safran-Mayonnaise in eine kleine Sauciere füllen und separat zur Platte reichen.
Alle anderen Zutaten auf einer großen Platte mit crushed Eis nett anrichten. Eventuell mit Kräutern oder frischen Algen garnieren.



Friedel Anderson „Plateau Royal“, 2011, Öl auf Hartfaser, 28 x 38 cm

*„Der Luxus im Hotel ist schon wunderbar:*
*Alles ist ein bisschen größer, als es eigentlich sein muss*
*– ohne protzig zu wirken.*
*Der Nachschlag ist sozusagen schon inklusive!“*

MICHAEL ZAPF

Friedel Anderson „Plateau Royal“, 2011, Öl auf Hartfaser, 40 x 50 cm

# Atlantik-Hummer auf Kartoffelsalat

ZUTATEN

*für 2 Personen*

*1 Hummer gekocht, halbiert und ausgelöst*

*ca. 100 g hausgemachter Kartoffelsalat ohne Mayonnaise*

*40 g grüne Bohnenherzen blanchiert und enthäutet*

*2 Schalotten, in feine Würfel geschnitten*

*2 EL Petersilienpesto*

*2 EL Vinaigrette – hergestellt aus Dijonsenf, weißem Balsamicoessig, Olivenöl, Meersalz*

VORBEREITUNG

Toskanische Blattpetersilie zupfen, waschen und trocken tupfen, mit Olivenöl, ganz wenig Knoblauch und Meersalz ganz fein mixen. Die Menge des Olivenöls sollte so gewählt sein, dass beim Pesto nach dem Mixen eine pastöse Konsistenz entsteht. Den Kartoffelsalat mit dem Pesto vermengen und einen Teil der Bohnenherzen darunter heben. Die andere Hälfte der Bohnenherzen mit den Schalottenwürfeln und der Vinaigrette vermengen und kurz marinieren. Den Hummer ebenfalls mit etwas Vinaigrette kurz marinieren.
Herstellung der Safranmayonnaise siehe Seite 30.

ZUM ABSCHMECKEN UND KOCHEN

Salz, weißer Pfeffer, Olivenöl, Sonnenblumenöl

ANRICHTEN

Den Kartoffelsalat in die Mitte des Tellers geben und den ausgelösten Hummer darauf arrangieren. Die restlichen Bohnenkerne um den Kartoffelsalat legen und mit wenig Vinaigrette beträufeln. Einen kleinen Klecks (Teelöffel voll) Safranmayonnaise mit auf den Teller geben und den Rest separat reichen.



Hinnerk Bodendieck „Hummerfleisch“, 2011, Öl auf Hartfaser, 15 x 15 cm

Hinnerk Bodendieck „Hummer satt“, 2012, Öl auf Hartfaser, 100 x 80 cm

# *Mit Liebe zum Detail*

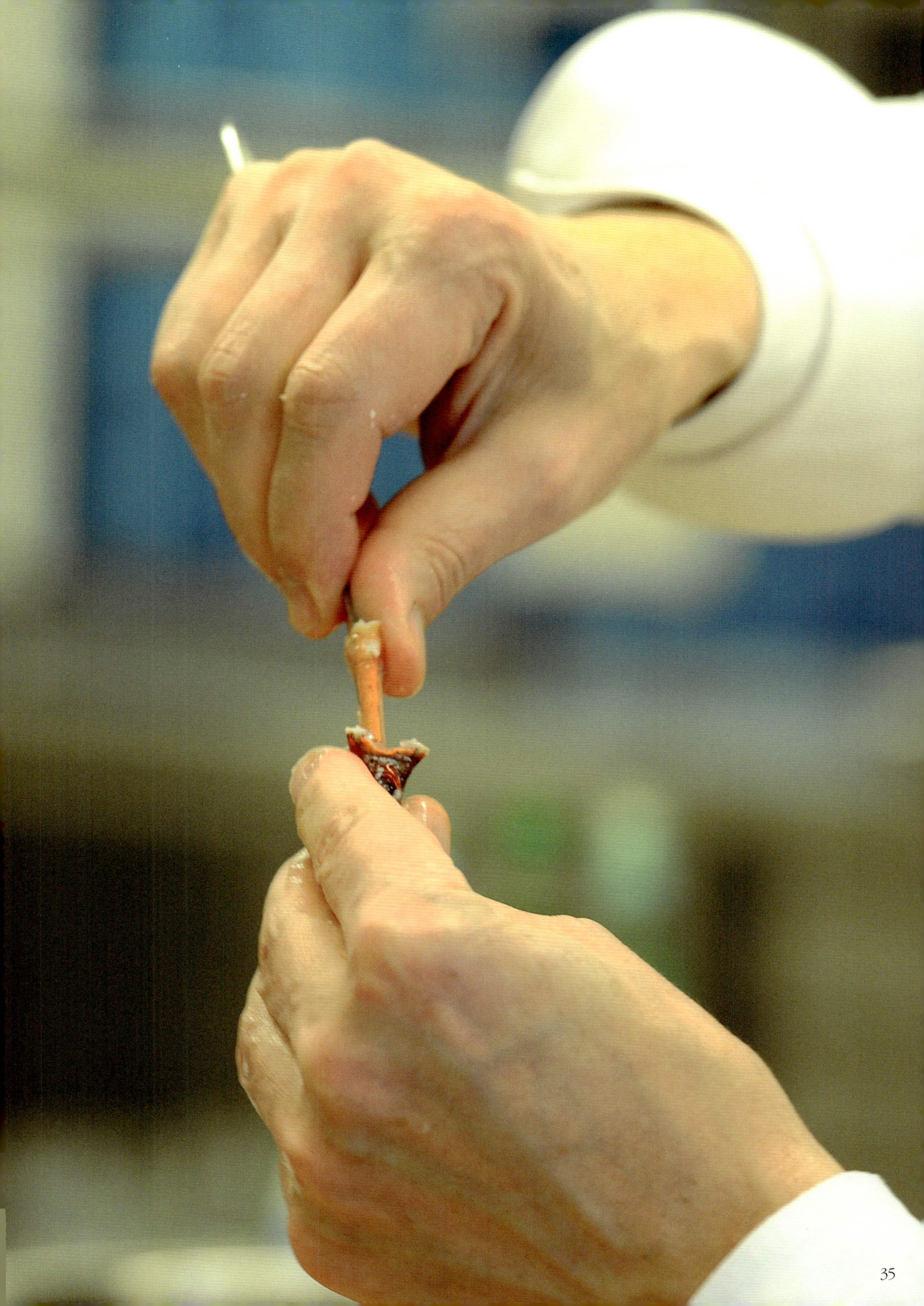

*„Die Gerichte zu malen ist tatsächlich eine große Herausforderung.*
*Man soll ja die Avocado auch als solche erkennen –*
*und das nicht nur in ihrer eigentlichen Form,*
*sondern auch in den amorphen Strukturen eines Tatars.“*

HINNERK BODENDIECK

# Avocado-Tatar

## VORBEREITUNG
Die Avocados vierteln und entkernen, zwei Avocados in feine Würfel schneiden, Chili entkernen und die Trennwände innen entfernen, die Schalotten schälen und in feine Würfel schneiden, den Meerrettich schälen und mit einer Reibe fein raspeln.

## ZUBEREITUNG
Die klein geschnittenen Avocados mit Chili und Schalottenwürfel vermengen, mit Meersalz, Limonensaft, gemahlenen Pfeffer abschmecken. Die Avocadoviertel mit der Vinaigrette marinieren und ein wenig ziehen lassen. Die Kresse und den geriebenen Meerrettich (Verhältnis 1:1) vermengen.

## ZUM ABSCHMECKEN
Meersalz, weißer Pfeffer, Chili, eventuell etwas Zucker

## ANRICHTEN
Das Tatar nett auf dem Teller arrangieren, die Avocadoviertel an das Tatar anlehnen und den Kresse-Meerrettichsalat dazu legen.

## ZUTATEN
*3 Avocado*

*1 Limette*

*3 Schalotten*

*2 EL Vinaigrette*
*– hergestellt aus Dijonsenf, weißem Balsamicoessig, Olivenöl, Meersalz –*

*frische Gartenkresse*

*frischer Meerrettich*

Hinnerk Bodendieck „Avocado-Tatar“, 2011, Öl auf Hartfaser, 15 x 15 cm

# Beef-Tatar

ZUTATEN

*300 g Rinderfilet am Stück*
*3 Schalotten*
*2 Chilischoten*
*15 g Kapern*
*je 40 g Zucchini, rote Zwiebeln, gelbe und rote Paprika*
*1 TL Honig*
*2 EL Balsamicoessig*

ZUBEREITUNG

Essig mit Honig, Salz, Knoblauch und Thymian aufkochen und 10 -15 min. ziehen lassen. Gemüse waschen und in 5 x 5 mm kleine Würfel schneiden, dann sortenrein blanchieren. Wichtig: nicht abschrecken, sondern gleich in die passierte Marinade einlegen. Das Gemüse sollte komplett damit bedeckt sein.

Rinderfilet, Schalotten, Chilischoten und Kapern in kleinste Würfel schneiden und mit Salz, Pfeffer und Olivenöl abschmecken. Das Tatar in vier Portionen teilen, jede in eine Ausstechform pressen, vorsichtig auf dem Teller aufsetzen und die Form abziehen. Das marinierte Gemüse mit etwas Olivenöl angießen und dann neben dem Tatar anrichten. Etwas Fleur de Sal darüber geben und servieren.

ZUM ABSCHMECKEN

Salz, Fleur de Sal, weißer Pfeffer, Olivenöl, Knoblauch, kleiner Zweig Thymian



Hinnerk Bodendieck „Beef-Tatar", 2011, Öl auf Hartfaser, 15 x 15 cm

# Thunfisch-Carpaccio

ZUBEREITUNG

Vom Thunfischfilet 4 rechteckige Scheiben (ca. 3 mm dünn) abschneiden. Den Rest in gleichmäßige Würfel von 3 x 3 mm schneiden und mit Schalottenwürfel, Chiliwürfel, Olivenöl, Salz und Pfeffer marinieren. Aus Ingwer, Chili, Sesamöl, Honig, Reisessig und Salz im Mörser eine Marinade herstellen.

ANRICHTEN

Die Thunfischstreifen in der unteren Hälfte, das Tatar in der oberen Hälfte des Tellers anrichten. Den Thunfischstreifen mit der Marinade leicht benetzen und mit Frühlingslauchringen, Gartenkresse, Chili und Ingwerstreifen ausgarnieren.

ZUM ABSCHMECKEN

Salz, weißer Pfeffer, Reisessig, Honig, Sesamöl, Olivenöl

ZUTATEN

*300 g Thunfischfilet in Sushi-Qualität*
*3 Schalotten*
*2 Chilischoten*
*Ingwer*
*Frühlingslauch*
*Kresse*

Hinnerk Bodendieck „Thunfisch-Carpaccio“, 2012, Öl auf Hartfaser, 15 x 15 cm

# *Friedel Anderson*
# *Warum Interieurs?*

Solange ich mich zurück erinnern kann, habe ich eigentlich Räume gemalt. Schon seit ich als Junge mit Farben rumexperimentiert habe, waren es die Räume. Aus meinen WGs gibt es zahllose Zeichnungen, und später aus unserer Wohnung mit den Kindern – drei Zimmer, in einem davon mein Atelier... . Es ging immer darum, die unmittelbare Umgebung zu erkunden; den Raum, den man um sich hat. Als müsste man sich erst einmal vergewissern, wo man ist.Insofern war Innenraum immer ein wichtiger Werkaspektbei mir und das wird sicher so bleiben, denke ich.

In gewisser Weise versuche ich, mit Malerei Licht und Zeit zu fangen, festzuhalten- was genau genommen ein ziemlich aussichtsloses, aber ausgesprochen lustvolles Unterfangen ist. Und in Räumen sieht man gut, was Licht macht, wie es erst den Raum erzeugt, Dinge und Personen modelliert, eine ganz bestimmte Atmosphäre schafft, die nur in diesem einen Moment so sein kann. Gerade diese flüchtigen Momente hab ich hier im Hotel mit seinem unglaublich pulsierenden Innenleben als die ganz besondere Herausforderung empfunden.

In den Räumen der Zementfabrik, mit denen ich mich ja jahrelang beschäftigt habe, spielte immer auch eine Rolle, was mal gewesen ist. Das hier ist „Jetzt" – ganz abgesehen davon, dass es hochkompliziert ist. Nie Ruhe, rund um die Uhr quirlige Geschäftigkeit, ein ständiger Geräuschpegel, überall Glitzern aus vielen verschiedenen Lichtquellen. Das oszillierende Licht von draußen und das Licht von drinnen.... Nicht, dass ich mir nicht schon mal über meine Zusage zu dem Projekt Gedanken gemacht hätte... Aber Hinnerk und ich können uns hier gut gebrauchen. Das Thema liegt mir natürlich auch. Ich finde ja so Sachen gut, die noch nie jemand gemacht hat. Von denen man glaubt, dass man sie nicht malen kann.

*Tageslicht, künstliche Beleuchtung und Reflexe übera*
*Der Maler ist in seinem Eleme*

# *Hinnerk Bodendieck*
# *Warum Stillleben?*

Bei aller Bewunderung für die Stillleben der Holländer wollte ich diese Spielart der Malerei immer vermeiden. Mal'n Stück Torte vielleicht, aber so eine gesamte Komposition – also wie Friedel das macht – das hab ich mir nicht zugetraut.

Aber dann wollte ich das natürlich nicht auf mir sitzen lassen: dass Friedel die Fronarbeit macht und ich mich lieber um die Schüssel kümmere, in der gerade Kartoffelsalat für 150 Personen gemacht wird. Also hab ich das groß angelegt, weil in klein hatte ich dazu noch weniger Lust. Als Plakat fand ich das Motiv dann gut. Alles sprach zunächst also dagegen, aber gerade das war auch der Reiz. Ich hatte das Gefühl, dass ich über dieses plakative Stillleben wieder zu der rotzfrechen Art meiner Anfangszeit zurück gekommen bin: So könnte das jetzt wochenlang weitergehen.

Und ich hab mich an meine Studienzeit bei Almut Heise erinnert – da mussten wir Stillleben auf Pigmentschichten machen, die entstanden nur durchs Wegnehmen. Hochempfindliche Arbeiten, die man nicht konservieren konnte.

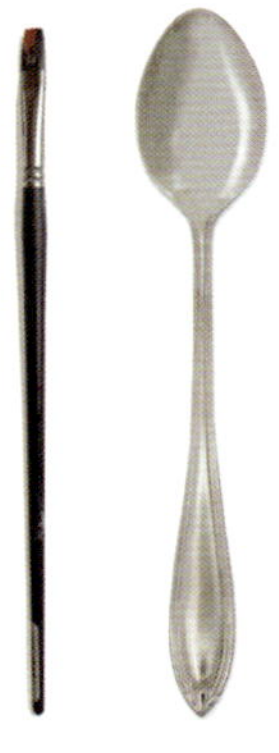

# Michael Zapf
# Warum das Grand Elysée?

Ganz einfach: Weil ich gehofft hatte, das Geheimrezept der Crème Brûlée in Erfahrung zu bringen! Im Ernst, es ist natürlich die Neugierde. Die unbekannte Welt – was verbirgt sich da? – Man möchte hinter die Türen blicken, die normalerweise für die Gäste verschlossen bleiben. Zudem ist es eine Aufgabe mit erhöhtem Schwierigkeitsgrad: Künstlerporträts sind das wohl größte Wagnis für einen Fotografen. Was in diesem Falle auch bedeutet, dass ein Koch mich wahrscheinlich nicht so schnell aus der Küche schmeisst, ein Maler vielleicht schon.

# *Der Wolfsbarsch ist angeliefert – und nun?*

Anderthalb Kilo
fangfrischer Wolfsbarsch
– bestellt von Hinnerk
Bodendieck

sch und farbig –
ieht Hinnerk Bodendieck
en Wolfsbarsch

Friedel Anderson „Loup de mer“, 2012, Öl auf Hartfaser, 20 x 20 cm

*„Was so einfach klingt ist in Wahrheit sensationell ehrlich: Eugen Block macht die Arbeit in den Küchen transparent.“*

PETER SIKORRA

*Wenn früh am Morgen die Lieferung vom Fischmarkt kommt, bringt Datevi „Kofi“ Awoussi die Ware sofort in die Kühlhäuser der Restaunrants*

Hinnerk Bodendieck „Kofi 2 mit Loup de mer“, 2012, Öl auf Hartfaser, 94 x 52 cm

# *Zwei Künstler, ein Motiv...*

„Es soll nichts bedeuten außer sich selbst", das hat sich Hinnerk Bodendieck vorgenommen. Jetzt steht er vor einem gebratenen Wolfsbarsch von ehemals 1,6 kg Lebendgewicht und ist aufgeregt: „Das hatte ich mir von Anfang an zum Ziel gesetzt – erst den gerade angelieferten und danach den zubereiteten Fisch zu malen!". Ihn interessiert bei den großformatigen Stillleben, die seit Mai im Kunst&Küche-Projekt entstehen, das Vordergründige des Motivs. „Bloß keine Subtilität" ist heute das Motto. Zuerst die Kontur, die Anlage des Motivs, des zentralen Objektes, schnell umrissen und in hellem Braunton auf den Malkarton gebracht. Dann die erste Farbe, und schon richtet sich die Konzentration auf den Fischkopf, das Rot der Kiemen, noch dunkel angelegt, aber schon als das definiert, was später weiter ausgearbeitet wird. So geht es schrittweise und in Einzelpartien weiter: die Zeichnung der gebratenen Haut, der dickfleischige Rücken, die hellen Bauchlappen. Jetzt entstehen Kontraste für mehr Plastizität: lang gezogene breite Pinselstriche, die satte Farbe glänzend den Borsten hinterher laufend. Reflexe sind auf der verworfenen Oberfläche nur wenig auszumachen, dafür umso mehr auf der Silber glänzenden Servierplatte, in der sich der Loup de Mer spiegelt. Sie wird erst jetzt hinzugefügt – und gleich wieder weggewischt. „Wie soll das bloß gehen?". Der fragende Blick zur Seite.

Dort steht Friedel Anderson, der sich auf einer 60 x 40 cm großer Hartfaserplatte dem Wolfsbarsch genähert hat. Es begann mit einer rasch hingeworfenen dunklen Fläche, welche die Position des Objekts und damit die eigentliche Situation schon definiert hat. Sie liegt auf der Diagonalen – von unten links nach oben rechts – was eine ungeahnte Dramatik heraufbeschwört. Mit dieser Fläche ist auf dem hellen Malgrund ein Motivgrund entstanden. Gegen diesen wird nun eine zweite dunklere Farbe gesetzt, die das erste Farbfeld unterhalb der Diagonalen hält und durch die entstandene

Grenzlinie eine Kontur erzeugt. Plötzlich bildet sich eine Fischform heraus, die wie eine Ur-Idee zum weiteren Evolutionsprozess bereit ist. Dann wird mit der Plastikkarte, die im Hotel als Zimmerschlüssel dient, gekratzt und geschabt, bis die Flächen fast unmerklich Struktur erhalten. Der Hintergrund wird tiefdunkel, umfängt die Form, die damit endgültig als Wolfsbarsch erschaffen ist. Noch eine dunklere Zone an der Spitze des Motivs und die Kiemenhöhle entsteht. Etwas Helles ist stehen geblieben – die Backen werden sichtbar. Zwei, drei Linien über die Flächen gezogen, fast gewischt, und der Fisch bekommt eine durchs Braten gebräunte und verformte

*Das Werden eines Bratfisches, beobachtet bei Hinnerk Bodendieck*

Haut. Allerdings scheint die Delikatesse nun unmotiviert zu schweben. Die Blicke treffen sich: Was nun? Die rechteckige Servierplatte aus Edelstahl, auf der das Gericht längst erkaltet ist, findet sich in beiden Werken nicht wieder. Wie soll der prächtige Wolfsbarsch nun malerisch angerichtet werden? Das wird sich erst viel später entscheiden…

Hinnerk Bodendieck „Loup de mer, gegrillt“, 2012, Öl auf Hartfaser, 94 x 52 cm

Friedel Anderson „Piazza, Chef de Rang Frau Schmitt“, 2012, Öl auf Hartfaser, 50 x 40 cm

*„Eine ganz neue Erfahrung: Auch Spaghetti werfen Schatten!*
*Oder noch besser: Mal mal eine Sauce…“*

FRIEDEL ANDERSON

*„ …oder Kresse! Oder die gehobelten Trüffel auf der Suppe.“*

HINNERK BODENDIECK



Friedel Anderson „Pasta mit Trüffel“, 2012, Öl auf Hartfaser, 25 x 25 cm

# Linguine mit Pesto und Tomaten

VORBEREITUNG
Schalotten schälen und in feine Streifen schneiden. Petersilie mit dem Olivenöl fein pürieren. Pinienkerne in einer Pfanne ohne Öl goldgelb rösten. Knoblauch hinzufügen und kurz mitrösten. Pinienkerne und Knoblauch separat pürieren und unter das Petersilienpüree heben. Mit Zitronensaft, Salz und Pfeffer abschmecken.

ZUBEREITUNG
Die Schalottenstreifen in der Olivenbutter glasig dünsten. Mit Gemüsefond ablöschen, die Tomaten dazu geben und leicht einkochen lassen. Die frischen Linguine in kochendes Salzwasser geben und ca. 3 Min. kochen lassen. Heraus nehmen und direkt zu den Schalotten und den Tomaten geben. Kurz durchschwenken, mit Salz und Pfeffer und Parmesan abschmecken. Die Linguine in einen heißen Nudelteller geben, mit dem Pesto beträufeln und servieren.

ZUM ABSCHMECKEN
Salz, weißer Pfeffer, Parmesan

ZUTATEN

*400 g frische Linguine*
*Gemüsefond*
*4 Schalotten*
*50 g Olivenbutter*
*50 g halbgetrocknete Kirschtomaten*
*100 g Petersilie gezupft*
*30 g Pinienkerne*
*100 ml Olivenöl*
*Saft einer halben Zitrone*
*1 Knoblauchzehe*

Friedel Anderson „Linguine“, 2012, Öl auf Hartfaser, 25 x 25 cm

# Weißer Spargel mit Garnelen

ZUTATEN

*2 kg weißer Spargel*

*400 g Salzwassergarnelen (Wildfang)*

*2 Chilischoten*

*160 g Zuckerschoten*

*1 Karotte*

*Ingwer*

VORBEREITUNG

Aus Ingwer, Chili, Sesamöl, Honig, Reisessig und Salz im Mörser eine Marinade herstellen. Spargel schälen und die Enden abbrechen. Zuckerschoten putzen und halbieren. Karotte schälen und in dünne Scheiben schneiden. Garnelen von der Schale befreien und entdarmen.

ZUM ABSCHMECKEN

Salz, Zucker, weißer Pfeffer, Reisessig, Honig, Sesamöl, Olivenöl, Butter

ZUBEREITUNG

Spargel wie gewohnt kochen. In einem Wok etwas Sesam und Olivenöl erhitzen und die Garnelen scharf anbraten, kurz danach die Gemüse zugeben alles ca. 2 Min braten. Mit der Marinade ablöschen, durschwenken und zusammen mit dem gebutterten Spargel auf einem heißen Teller anrichten. Dazu passt Basmatireis.



Friedel Anderson „Spargel mit Garnelen“, 2012, Öl auf Hartfaser, 25 x 25 cm

*„Beim Malen ist es wie beim Kochen:*
*Wenn man einen Fehler macht, kann man nicht einfach auf die Taste*
*‚Rückgängig machen' drücken. Man muss schon genau wissen,*
*womit man anfängt und wie man es macht."*

MICHAEL ZAPF

Friedel Anderson „Salat Niçoise", 2012, Öl auf Hartfaser, 25 x 25 cm

# *Nordseesteinbutt mit Pfifferlingen*

ZUTATEN

*8 Steinbuttfilets*
*(je 80 g aus 3-4er Steinbutt)*
*50 g Butter*
*50 g Butter (eiskalt in kleine Würfel geschnitten)*
*400 g geputzte Pfifferlinge*
*200 ml Fischfond*
*4 Schalotten*
*100 ml Sahne*

VORBEREITUNG

Pfifferlinge putzen. Die Schalotten schälen und fein würfeln.

ZUBEREITUNG

Die Steinbuttfilets mit Salz und wenig Pfeffer würzen und von beiden Seiten kurz anbraten. Die Filets mit einer Butterflocke bei 120 °C für ca. 4-5 min im Backofen gar ziehen lassen. Für die Sauce den Fischfond und die Sahne auf 1/3tel reduzieren und zum Schluss die eiskalten Butterstückchen zur Bindung einrühren. In wenig Butter Schalottenwürfel glasig dünsten. Die geputzten Pfifferlinge zugeben und kurz mit anschwitzen. Mit Salz und Pfeffer abschmecken. Den Steinbutt aus dem Ofen nehmen (das Fleisch sollte noch leicht glasig sein), auf einem heißen Teller mit den Pfifferlingen anrichten und servieren.
Dazu passen Kartoffel-Selleriestampf oder Petersilienwurzelpüree.

ZUM ABSCHMECKEN UND KOCHEN

Salz, weißer Pfeffer



Friedel Anderson „Steinbutt, Pfifferlinge", 2012, Öl auf Hartfaser, 25 x 25 cm

# Rinderfilet mit Merlot-Buttersauce

VORBEREITUNG
Das Rinderfilet vom Schlachter vorbereiten lassen.

ZUBEREITUNG
Das Rinderfilet in einer Pfanne mit wenig Öl von beiden Seiten scharf anbraten. Einen Rosmarinzweig und eine angedrückte Knoblauchzehe in die Pfanne geben und mit der Pfanne für ca. 30-35 min in den vorgeheizten Ofen (120 °C Heißluft) geben. In der Zwischenzeit den Kalbsfond und den Merlot auf 1/3tel reduzieren und mit eiskalter Butter montieren. Das Rinderfilet aus dem Ofen nehmen, würzen, aufschneiden und mit der Sauce auf einem heißen Teller anrichten.
Dazu passen sautierte Schneidebohnen und kleine Kartoffeln in der Schale.

ZUM ABSCHMECKEN UND KOCHEN
Salz, weißer Pfeffer, Öl

ZUTATEN

*1 Mittelstück vom Rinderfilet ca. 800 g*

*150 g brauner Kalbsfond – aus dem Fachhandel*

*150 g Merlot*

*30 g Butter (eiskalt)*

*1 Schalotte*

*1 Rosmarinzweig*

*1 Knoblauchzehe*

Friedel Anderson „Piazzaküche, Pass“ 2012, Öl auf Hartfaser, 30 x 40 cm

HACCP
Mittwoch
Donnerstag

# ...und heute das Boeuf Bourguignon

*Gutes Handwerk will vorbereitet sein,*
*bei Köchen wie bei Künstlern*

*„Ich musste mir auch erstmal klarmachen,
dass ich nicht mit der hoch technisierten Food-Fotografie
mithalten muss. Wir wollen ja was anderes."*

HINNERK BODENDIECK

*Aufbau macht's:*
*del Anderson krönt sein*
*t mit Gemüse und*
*ürzen (links),*
*nerk Bodendieck*
*entiert die Zutaten wie*
*s auf dem Laufsteg*

Hinnerk Bodendieck „Zutaten Boeuf Bourguignon“, 2012, Öl auf Hartfaser, 60 x 80 cm

# Boeuf Bourguignon à la Brasserie Flum

ZUTATEN

*600 g Rinderfilet*

*600 g frisches Gemüse (Paprika, Zucchini, Champignons, rote Zwiebel, Lauchzwiebeln)*

*100 ml brauner Kalbsfond (aus dem Fachhandel)*

*100 ml Sahne*

*1 Tl grüne Pfefferkörner*

VORBEREITUNG

Das Rinderfilet und das Gemüse in große Würfel (1,5 x 1,5 cm) schneiden.

ZUBEREITUNG

Die Rinderfiletwürfel mit Salz und Pfeffer würzen, in einer sehr heißen Pfanne mit wenig Öl scharf anbraten. Nach und nach die Gemüse in die Pfanne geben und anbraten, mit Rotwein ablöschen, mit Kalbsfond und Sahne auffüllen und leicht einköcheln lassen. Die Pfefferkörner zugeben, mit Salz und Pfeffer abschmecken und servieren. Auf einem heißen Teller anrichten.
Dazu passen gratinierte Rahmkartoffeln.

ZUM ABSCHMECKEN UND KOCHEN

Salz, weißer Pfeffer, Pflanzenöl, Rotwein zum ablöschen



Hinnerk Bodendieck „...à la Brasserie Flum“, 2012, Öl auf Hartfaser, 40 x 50 cm

# *Mit allen Sinnen*

## *Die Galeristin und Sammlerin Christa Block zu Kunst-Genuss im Grand Elysée*

Was berührt in einem Hotel alle Sinne? Was spricht Sehen, Hören, Riechen, Schmecken und Fühlen an? Unser Hotel, das Grand Elysée, habe ich immer als Ganzes wahrgenommen, und ich merkte immer, wenn etwas fehlte. Wenn aber alles stimmig war, dann stellte sich auch sofort ein Wohlgefühl ein: mein Elysée-Gefühl. Dann befanden sich alle Sinne im harmonischen Einklang.

DAS SEHEN: Ich betrete einen Raum, der meiner Seele gut tut. Die Augen bekommen anregende Reize. DAS HÖREN: Klingende Gläser, gedämpfte Geräusche aus den Restaurants, Gespräche an den Tischen, der Pianospieler vom Boulevard. DAS RIECHEN: Frische Luft weht von der Moorweide herein, ein Hauch von Parfum im Fahrstuhl, Kaffeeduft zum Frühstück. SCHMECKEN UND TASTEN: Mit Appetit breche ich frisches Brot. Ich fühle mich gut!

In dieser kleinen Stadt – und das ist so ein großes Haus in gewissem Sinne ja – machen vor allem die Zwischentöne die Musik. Sie ergeben sich aus dem Wechselspiel zwischen den Gästen und unseren motivierten Mitarbeitern. Die fünf Sinne immer wieder neu zu beflügeln ist unser Ziel. Und nichts spricht so sehr alle Sinne an wie das Kochen und das Essen. Mich hat deshalb die Idee fasziniert, einerseits das Essen malen zu lassen und gleichzeitig das Entstehen der Gerichte und Gemälde zu fotografieren.

Friedel Anderson, Hinnerk Bodendieck und Michael Zapf haben sich diese Aufgabe selbst gestellt. Natürlich wollten sie die Crème Brûlée auch essen, in den entspannenden Hotelbetten auch schlafen, aber vor allem wollten sie die singende und klingende Hotelwelt mit ihren vielen unterschiedlichen Tagesmelodien einfangen und umsetzen. Und ich wollte das unbedingt auch.

Wenn Hinnerk Bodendiek sich mit dem Barsch streitet, kann das nur gut werden, wenn Michael Zapf einen Schlagbesen fotografiert, dann wird es ein Kunstwerk, und wenn Friedel Anderson den Szenerien mit seiner Sprache Leben gibt, dann – das wusste ich – würde es ein besonderes Werk werden.

*Während der Künstlertre*
*entstand auch ein Porträ*
*Gastgeberin Christa B*

PAULESSEN

 Friedel Anderson „Tagesbesprechung“, 2012, Öl auf Hartfaser, 30 x 40 cm

*„Die Gelingsicherheit muss nicht nur beim Koch sondern auch beim Maler gegeben sein."*

HINNERK BODENDIECK

*Hotelgründer und -inhaber Eugen Block, beobachtet bei seiner täglichen Besprechung mit Direktoren und Mitarbeitern*

 Hinnerk Bodendieck „Peter Sikorra zerlegt den Hummer“, 2011, Öl auf Hartfaser, 94 x 52 cm

Friedel Anderson „Piazza“, 2012, Öl auf Hartfaser, 20 x 20 cm

# *Bereit zur großen Gala*

# 18:35:40 Uhr

Im Grand Foyer startet der Festabend
für 500 Gäste mit einem Sektempfang und
sichtbar gemachtem Stimmengewirr

*„Es ist vornehmste Pflicht, unsere Gäste mit bestem Geschmack zufrieden zu stellen.
Einfache Garnituren bringen Klarheit auf den Teller.
Verspielte Dekorationen kosten Zeit und zielen bloß auf die Optik ab.
Wir dagegen haben immer die Schmackhaftigkeit im Blick."*

EUGEN BLOCK

*Während im Saal die Gäste angeregt plaudernd den Beginn des Gala-Abend genießen, herrscht in der Küche konzentrierte Ruhe beim Anrichten der Trüffelsuppe*

# 18:55:50 Uhr

 Friedel Anderson „Bankett Küche“, 2012, Öl auf Hartfaser, 40 x 30 cm

Friedel Anderson „Kalte Bankett Küche“, 2012, Öl auf Hartfaser, 40 x 30 cm

# *Der Ball ist eröffnet!*

Eröffnungswalzer
des Wiener Balls 2012
im Großen Festsaal

# Malen im Dreivierteltakt

Malen im Smoking, beobachtet von einem TV-Team, Christa Block und Tänzerinnen des Ballets St. Pölten

Hinnerk Bodendieck
„Debütantin Tanzpause“ 35 x 26 cm, „Debüttantin“ 25 x 20 cm,
„Auf dem Parkett“ 25 x 29 cm, 2012, Öl auf Hartfaser

Friedel Anderson „Vor dem Ball“, 2012, Öl auf Hartfaser, 40 x 50 cm

Friedel Anderson „Wiener Ball 2012“, 2012, Öl auf Hartfaser, 25 x 25 cm

# *Stehempfang mal anders*

Anstrengender als sechs Stunden Getränkeservice: Herr Schilling steht für die Maler 90 Minuten still

*„Das alles ging nur durch das Wohlwollen, das uns von den Mitarbeitern entgegen gebracht wurde. Man will dann auch, dass es gelingt, wenn da jemand 'ne Stunde gestanden hat und dann nicht enttäuscht sein darf."*

HINNERK BODENDIECK

Friedel Anderson „Herr Schilling“, 2012, Öl auf Hartfaser, 40 x 30 cm

Die Partygäste im Spiegelsaal werden zu Augen-Zeugen und gleichzeitig Statisten des Projekts

# *Mittendrin und hautnah dabei*

Feiern hinter den Küchentüren – dieses seltene Vergnügen haben an diesem Abend Stars und Sponsoren des HSV, hier Mladen Petric

# Wenn die Küche zur Partylocation wird

 Friedel Anderson „Pasta Parmesan ... Peter sprüht“, 2012, Öl auf Hartfaser, 40 x 30 cm

Friedel Anderson „HSV-Blau", 2012, Öl auf Hartfaser, 25 x 25 cm

 Friedel Anderson „Roomservice“, 2012, Öl auf Hartfaser, 40 x 30 cm

# *Der Roomservice bringt's*

Für das Frühstücksbild im Zimmer beste
Hinnerk Bodendieck sein langjährig
Modell Monica zur Mal-Sitzung ins Ho

# *Malerei im Zimmer*

Hinnerk Bodendieck „Frühstück auf dem Zimmer", 2012, Öl auf Hartfaser, 80 x 100 cm

# Was Süßes muss sein

Zum Sonntags-Brunch gibt's Eisbombe
und Mal-Einlage als Nachtisch

# Gugelhupf Elysée

ZUTATEN

*350 g Butter*
*350 g Zucker*
*6 mittelgroße Eier*
*115 g Sahnequark*
*285 g Mehl*
*200 g Rosinen*
*20 g Backpulver*
*80 g Rum*
*200 g Mandelgrieß*

VORBEREITUNG

Die Rosinen in dem Rum übernachten lassen.

ZUBEREITUNG

Butter und Zucker schaumig schlagen. Eier, Quark und den restlichen Rum langsam dazu geben. Danach das gesiebte Mehl, das Backpulver und den Mandelgrieß langsam unterarbeiten. Die abgetropften Rosinen mit ein wenig Mehl bestäuben. Unter die fertige Masse heben und in eine gebutterte, gemehlte Gugelhupfform abfüllen.
Im vorgeheizten Backofen bei 180 °C Unterhitze und 170 °C Oberhitze ca. 70 min backen.



Friedel Anderson „Guglhupf", 2012, Öl auf Hartfaser, 25 x 25 cm

Hinnerk Bodendieck „Gugelhupf“, 2012, Öl auf Hartfaser, 60 x 80 cm

 Hinnerk Bodendieck „Blaubeertorte“, 2012, Öl auf Hartfaser, 60 x 80 cm

Friedel Anderson „...fast aufgegessen“, 2012, Öl auf Hartfaser, 25 x 25 cm

Friedel Anderson „...Erdbeerzeit", 2012, Öl auf Hartfaser, 25 x 25 cm

Hinnerk Bodendieck „Pistazieneisbecher“, 2011, Öl auf Hartfaser, 35 x 20 cm

# Crème Brûlée

ZUTATEN

*550 ml Sahne*
*4 EL Zucker*
*4 Eigelb*
*1 Vanilleschote*
*2 EL Rohrzucker*

ZUBEREITUNG

Die Sahne bis auf 2 Esslöffel mit dem Zucker und der aufgeschlitzten und ausgekratzten Vanilleschote langsam aufkochen. Eigelb gründlich mit der restlichen Sahne verquirlen und in die Vanillesahne rühren, ohne dass sich dabei Schaum bildet.

Die durchgesiebte Masse in 4 ofenfeste, flache Formen bis knapp unter den Rand verteilen. Den Backofen auf 100 Grad vorheizen. Die Formen auf ein Backblech setzen. So viel kochendes Wasser in das Backblech gießen, bis die Formen zur Hälfte im Wasser stehen. Crème bei 100 Grad auf der untersten Schiene ca. 70-80 Minuten stocken lassen.

ZUM SCHLUSS

Die Crème mit Rohrzucker bestreuen und am besten mit einem Crème Brûlée Brenner goldbraun karamellisieren. 1 Minute abkühlen lassen, dann sofort servieren.
Sonst wird die knusprige Karamellschicht wieder flüssig. Ob man die Crème Brûlée gleich heiß aus dem Backofen oder gekühlt serviert ist reine Geschmackssache.



Hinnerk Bodendieck „Crème Brûlée – leer“, 2012, Öl auf Hartfaser, 15 x 15 cm

FRIEDEL ANDERSON:

*„Die Oberfläche auf der Crème Brûlée –
da hab ich schon lange drüber nachgedacht…“*

HINNERK BODENDIECK

*„Da habe ich mich nicht umsonst noch nicht rangewagt.
Man müsste so eine ganz dicke Farbschicht machen
und zum Schluss mit dem Pinsel draufgehen, um das Gekrissel hinzukriegen.
Oder es mit einer Nagelbürste probieren.“*

FRIEDEL ANDERSON

*„…und wie richtet man sie an: mit dem Löffel daneben oder drauf,
schon angefangen mit aufgeknackter Kruste, oder halb leergegessen…“*

HINNERK BODENDIECK

*„…wir bestellen noch eine und gucken mal…“*

*Schnappschuss der Grafikerin als
Gedächtnisstütze für die Künstler*

Hinnerk Bodendieck
„Zucker, Salz & Pfeffer“, „Einfacher Espresso“ 15 x 15 cm, 2011
„Das süße Leben“ 25 x 20 cm, 2012, Öl auf Hartfaser

*„Und dann diese ewigen Ellipsen. Nichts ist schwieriger zu malen.
Auf den Tischen wimmelt es nur so davon.
Vielleicht hat man den Teller noch einigermaßen hinbekommen,
aber es kommt ja noch das Glas dazu, der Rand oben und der Fuß.
Und der Tisch darf auch nicht so werden, dass er optisch nach
vorne wegkippt und alles Geschirr sozusagen runterrutscht.
Aber all das ist nichts gegen die karierten Sets – diese schmalen und
breiten Linien machen einen wirklich wahnsinnig!"*

HINNERK BODENDIECK

Friedel Anderson „...gegen 0 Uhr 30“, 2012, Öl auf Hartfaser, 20 x 20 cm

Friedel Anderson „Barmann“, 2012, Öl auf Hartfaser, 28 x 38 cm

Hinnerk Bodendieck „Bunt – ohne Umdrehungen“, „Irgendwas mit Curaçao...“, „Verdienter Absacker“, „Carlos Primero – späte Stunde“, 2012, 25 x 20 cm, Öl auf Hartfaser

Hinnerk Bodendieck „Whiskey – aber welcher?“, 15 x 15 cm, 2012, „Roederer & Austern“ 35 x 30 cm, 2011, „Martini Gin“, „Manhattan“, 25 x 20 cm, 2012, Öl auf Hartfaser

...und zu guter Letzt eine
Hommage der Maler an
die Einfachen Genießer
von Erhard Göttlicher
in der Oysterbar

# *Über die Künstler*

FRIEDEL ANDERSON
geboren 1954 in Oberhausen
1974 bis 1977 Studium der Kunstgeschichte an der Universität Göttingen
1978 bis 1984 Studium der Malerei an der GH Kassel
1993 bis 1994 Lehrbeauftragter an der FH Gestaltung in Hamburg
seit 2009 Mitglied der Freien Akademie der Künste in Hamburg
lebt und arbeitet seit 1985 in Itzehoe
Malreisen durch Europa und Ostafrika
zahlreiche Ausstellungen im In- und Ausland
viele Arbeiten in öffentlichen und privaten Sammlungen

HINNERK BODENDIECK
geboren 1965 in Hamburg
1988 bis 1996 Studium an der Fachhochschule für Gestaltung in Hamburg
1994 bis 1995 Studienaufenthalt in Madrid
1999 bis 2008 Lehraufträge an der Hochschule für Gestaltung, heute Hochschule für Angewandte Wissenschaften Hamburg
Seit 1999 Dokumentation und Malerei für die Frankfurter Allgemeine Zeitung und seit 2008 Illustrationen für die Frankfurter Allgemeine Sonntagszeitung
lebt und arbeitet in Hamburg, realisiert regelmäßig eigene Atelierausstellungen

WEITERE AUSSTELLUNGEN (AUSWAHL)
2012 Konzeption und Gestaltung einer internationalen Werbekampagne
2011 Malen in Kenia, Ausstellung in Shela, Lamu, u.a. zusammen mit Friedel Anderson
2010 Sankt Pauli, Galerie Elbchaussee Hamburg
2004 offenes Atelier im Altonaer Museum
2003 Venedig, Galerie Drum, mit Friedel Anderson
2001 Museum für Hamburgische Geschichte „Horizonte, Perspektiven"
2001 Burgkloster zu Lübeck „Schiffe"
2000 Kids, Kunst und Krisen, Dokumentation einer Schiffsreise mit verhaltensauffälligen Jugendlichen, Ausstellung in Lagerhallen des Hamburger Freihafens
1998 Logger, Salz und Hering, Glückstadt
1997 der Galerie Drum „Das kleine Format"

BARBARA KLOTH

geboren 1963 in Dortmund
1983 bis 1988 Studium Grafik-Design an der Fachhochschule Dortmund
anschließend Festanstellungen bei der HDM Werbeagentur, Düsseldorf, Sieger Design, Designbüro Schloss Harkotten bei Münster
und als Cheflayouterin für Finanztest bei der Stiftung Warentest, Berlin
seit 1996 eigenes Atelier als selbständige Grafik-Designerin
für zahlreiche namhafte Unternehmen tätig
lebt und arbeitet in Hamburg

PROJEKTE (AUSWAHL)

2012 editon braus „Diptychon der Märchenbrüder"
2011 Ausstellung 100 Jahre Hamburg Airport – Jubiläumsmagazin
2010 Honorable mention „Deine Bilder" Fotobuchtage Deichtorhallen Hamburg
2009 Kunst im Grand Elysée – Sammlung Block
2004 125 Jahre Gebr. Heinemann
2001 90 Jahre Hamburg Airport

MICHAEL ZAPF

geboren 1965 in Hamburg, 1983 Fachabitur für Gestaltung, seitdem freischaffender Fotojournalist für Zeitungen, Zeitschriften und Pressestellen von Unternehmen und Institutionen, lebt und arbeitet in Hamburg.

AUSSSTELLUNGEN

2012 Bergedorfs schönste Seiten in der Diele des Hamburger Rathauses
2007 Der Mensch im Focus – die Arbeit des Roten Kreuzes in St. Petersburg, Handelskammer Hamburg
2006 Hamburg Bilder, Hamburger Landesvertretung beim Bund, Berlin

BUCHPROJEKTE

2012 So schön ist Hamburg, Hamburger Abendblatt edition
2012 Das Hamburger Rathaus, Ellert & Richter Verlag
2011 Der Hamburger Hafen von oben, Ellert & Richter Verlag
2011 Die Nordfriesischen Insel und Halligen – Eine Luftbildreise, Ellert & Richter Verlag
2010 Lübeck mit Travemünde, Ellert & Richter Verlag
2009 Hamburg Panoramen, Ellert & Richter Verlag
2008 365 Tage Hamburg, Ellert & Richter Verlag
2005 Kunstsinn und Kaufmannsgeist – Die Bau- und Kunstgeschichte der Handelskammer Hamburg, Ellert & Richter Verlag
2002 Die Oevelgönn'schen Kinder – Ein Album mit Zeichnungen von Albert Schindehütte, Convent Verlag

*In sechs Kreativ-Treffen mit sechszehn*
*Maltagen wurden die Künstlern*
*zu Mitgliedern der Hotel-Mannschaft*

Erste Hilfe

# *Danke!*

Dieses Projekt wurde nur möglich durch viel Hilfsbereitschaft und Kollegialität vor und hinter den Kulissen. Besonderer Dank gilt dem Hotelinhaber Eugen Block und seiner Frau Christa für ihre Großzügigkeit und selbstverständliche Offenheit, mit der jederzeit in allen Bereichen des Hotels gearbeitet werden konnte.

Dank geht auch an Küchendirektor Peter Sikorra und die gesamte Weiße Brigade des Grand Elysée, die für die Künstler alles möglich gemacht haben. Und nicht zuletzt ein herzliches Dankeschön an die immer freundlichen Service-Mitarbeiter in den Restaurants und im Bankett-Service für Ihre Geduld und Hilfsbereitschaft sowie an alle Helfer im Hintergrund für ihre Unterstützung.

Herausgeber:
Grand Elysée Hotel Hamburg
Rothenbaumchaussee 10
D-20148 Hamburg
www.grand-elysee.com
galerie@elysee.de

Konzept und Redaktion: Astrid Prühs, Galerie im Elysée
Malerei: Friedel Anderson, Hinnerk Bodendieck
Fotografie: Michael Zapf
Gestaltung: Barbara Kloth
Lithografie: Lithographie Doris Zimmer, Hamburg
Druck: Beisner Druck, Buchholz i.d. Nordheide

November 2012
ISBN 978-3-00-039870-4